Güterkraftverkehrsgesetz

(GüKG)

Impressum

© GROELSV – Verlag, Hans-Much-Weg 14, 20249 Hamburg, Telefon: 040/ 32030598; - Redaktion GROELSV

Wir sind bemüht, ein ansprechendes Produkt zu gestalten, dass vernünftigen Ansprüchen an das Preis/Leistungsverhältnis gerecht wird. Buchbewertungen, z. B. über den Distributor Amazon sind ausdrücklich erwünscht. Konstruktive Anregungen nutzen wir gerne, um künftige Auflagen zu ergänzen und anzupassen.

Die Rechte am Werk, insbesondere für die Zusammenstellung, die Cover- und weitere Gestaltung liegen beim Verlag. Trotz sorgfältigster Bearbeitung und Qualitätskontrolle können Übertragungsfehler und technische Fehler nicht letztgültig ausgeschlossen werden. Fachanwaltliche Beratung wird durch die Konsultation einer Rechtssammlung nicht ersetzt.

1

Inhaltsverzeichnis

Güterkraftverkehrsgesetz (GüKG)

Nichtamtliches Inhaltsverzeichnis

GüKG

Ausfertigungsdatum: 22.06.1998

"Güterkraftverkehrsgesetz vom 22. Juni 1998 (BGBl. I S. 1485), das zuletzt durch Artikel 8a des Gesetzes vom 28. August 2013 (BGBl. I S. 3313) geändert worden ist"

Stand: Zuletzt geändert durch Art. 8a G v. 28.8.2013 I 3313

Fußnote

(+++ Textnachweis ab: 1.7.1998 +++)

Das G wurde als Artikel 1 d. G v. 22.6.1998 I 1485 vom Bundestag mit Zustimmung des Bundesrates beschlossen. Es ist

gem. Art. 9 Nr. 3 Satz 1 dieses G nach Maßgabe d. Art. 9 Nr. 1 und 2 mWv 1.7.1998 in Kraft getreten.
Nichtamtliches Inhaltsverzeichnis

1. Abschnitt
Allgemeine Vorschriften

Nichtamtliches Inhaltsverzeichnis

§ 1 Begriffsbestimmungen

(1) Güterkraftverkehr ist die geschäftsmäßige oder entgeltliche Beförderung von Gütern mit Kraftfahrzeugen, die einschließlich Anhänger ein höheres zulässiges Gesamtgewicht als 3,5 Tonnen haben.

(2) Werkverkehr ist Güterkraftverkehr für eigene Zwecke eines Unternehmens, wenn folgende Voraussetzungen erfüllt sind:

1.

Die beförderten Güter müssen Eigentum des Unternehmens oder von ihm verkauft, gekauft, vermietet, gemietet, hergestellt, erzeugt, gewonnen, bearbeitet oder instand gesetzt worden sein.

2.

Die Beförderung muß der Anlieferung der Güter zum Unternehmen, ihrem Versand vom Unternehmen, ihrer Verbringung innerhalb oder - zum Eigengebrauch - außerhalb des Unternehmens dienen.

3.

Die für die Beförderung verwendeten Kraftfahrzeuge müssen vom eigenen Personal des Unternehmens geführt werden oder von Personal, das dem Unternehmen im Rahmen einer vertraglichen Verpflichtung zur Verfügung gestellt worden ist.

4.

Die Beförderung darf nur eine Hilfstätigkeit im Rahmen der gesamten Tätigkeit des Unternehmens darstellen.

3

(3) Den Bestimmungen über den Werkverkehr unterliegt auch die Beförderung von Gütern durch Handelsvertreter, Handelsmakler und Kommissionäre, soweit

1.

deren geschäftliche Tätigkeit sich auf diese Güter bezieht,

2.

die Voraussetzungen nach Absatz 2 Nr. 2 bis 4 vorliegen und

3.

ein Kraftfahrzeug verwendet wird, dessen Nutzlast einschließlich der Nutzlast eines Anhängers 4 Tonnen nicht überschreiten darf.

(4) Güterkraftverkehr, der nicht Werkverkehr im Sinne der Absätze 2 und 3 darstellt, ist gewerblicher Güterkraftverkehr.

Nichtamtliches Inhaltsverzeichnis

§ 2 Ausnahmen

(1) Die Vorschriften dieses Gesetzes finden keine Anwendung auf

1.

die gelegentliche, nichtgewerbsmäßige Beförderung von Gütern durch Vereine für ihre Mitglieder oder für gemeinnützige Zwecke,

2.

die Beförderung von Gütern durch Körperschaften, Anstalten und Stiftungen des öffentlichen Rechts im Rahmen ihrer öffentlichen Aufgaben,

3.

die Beförderung von beschädigten oder reparaturbedürftigen Fahrzeugen aus Gründen der Verkehrssicherheit oder zum Zwecke der Rückführung,

4.

die Beförderung von Gütern bei der Durchführung von Verkehrsdiensten, die nach dem Personenbeförderungsgesetz in der Fassung der Bekanntmachung vom 8. August 1990 (BGBl. I S. 1690) in der jeweils geltenden Fassung genehmigt wurden,

5.

die Beförderung von Medikamenten, medizinischen Geräten und Ausrüstungen sowie anderen zur Hilfeleistung in dringenden Notfällen bestimmten Gütern,

6.

die Beförderung von Milch und Milcherzeugnissen für andere zwischen landwirtschaftlichen Betrieben, Milchsammelstellen und Molkereien durch landwirtschaftliche Unternehmer im Sinne des Gesetzes über die Alterssicherung der Landwirte vom 29. Juli 1994 (BGBl. I S. 1890) in der jeweils geltenden Fassung,

7.

die in land- und forstwirtschaftlichen Betrieben übliche Beförderung von land- und forstwirtschaftlichen Bedarfsgütern oder Erzeugnissen

a)

für eigene Zwecke,

b)

für andere Betriebe dieser Art

aa)

im Rahmen der Nachbarschaftshilfe oder

bb)

im Rahmen eines Maschinenringes oder eines vergleichbaren wirtschaftlichen Zusammenschlusses, sofern die Beförderung innerhalb eines Umkreises von 75 Kilometern in der Luftlinie um den regelmäßigen Standort des Kraftfahrzeugs, den Wohnsitz oder den Sitz des Halters im Sinne des § 6 Absatz 4 Nummer 1 der Fahrzeug-Zulassungsverordnung mit Zugmaschinen oder Sonderfahrzeugen durchgeführt wird, die nach § 3 Nr. 7 des Kraftfahrzeugsteuergesetzes in der Fassung der Bekanntmachung vom 26. September 2002 (BGBl. I S. 3818), von der Kraftfahrzeugsteuer befreit sind,

8.

die im Rahmen der Gewerbeausübung erfolgende Beförderung von Betriebseinrichtungen für eigene Zwecke sowie

9.

die Beförderung von Postsendungen im Rahmen von Universaldienstleistungen durch Postdienstleister gemäß § 1 Absatz 1 der Post-Universaldienstleistungsverordnung.

(1a) Werden bei Beförderungen nach Absatz 1 Nr. 7 nicht von der Kraftfahrzeugsteuer befreite Fahrzeuge eingesetzt, hat der Beförderer dafür zu sorgen, dass während der Beförderung ein Begleitpapier oder ein sonstiger Nachweis mitgeführt wird, in dem das beförderte Gut, Be- und Entladeort sowie der land- und forstwirtschaftliche Betrieb, für den die Beförderung erfolgt, angegeben werden. Das Fahrpersonal muss das Begleitpapier oder den sonstigen Nachweis nach Satz 1 während der Beförderung mitführen und Kontrollberechtigten auf Verlangen zur Prüfung aushändigen oder in anderer Weise zugänglich machen.

(2) § 14 bleibt unberührt.

2. Abschnitt

Gewerblicher Güterkraftverkehr

Nichtamtliches Inhaltsverzeichnis

§ 3 Erlaubnispflicht

(1) Der gewerbliche Güterkraftverkehr ist erlaubnispflichtig, soweit sich nicht aus dem unmittelbar geltenden europäischen Gemeinschaftsrecht etwas anderes ergibt.

(2) Die Erlaubnis wird einem Unternehmer, dessen Unternehmen seinen Sitz im Inland hat, für die Dauer von bis zu zehn Jahren erteilt, wenn er die in Artikel 3 Absatz 1 der Verordnung (EG) Nr. 1071/2009 des Europäischen Parlaments und des Rates vom 21. Oktober 2009 zur Festlegung gemeinsamer Regeln für die Zulassung zum Beruf des Kraftverkehrsunternehmers und zur Aufhebung der Richtlinie 96/26/EG (ABl. L 300 vom 14.11.2009, S. 51) genannten Voraussetzungen für die Ausübung des Berufs eines Kraftverkehrsunternehmers erfüllt. Eine Erlaubnis, deren Gültigkeitsdauer abgelaufen ist, wird zeitlich unbefristet erteilt, wenn der Unternehmer die Berufszugangsvoraussetzungen nach wie vor erfüllt.

(3) Der Erlaubnisinhaber erhält auf Antrag neben der Erlaubnis so viele Erlaubnisausfertigungen, wie ihm weitere Fahrzeuge und die für diese erforderliche finanzielle Leistungsfähigkeit nach der Verordnung (EG) Nr. 1071/2009 in der jeweils geltenden Fassung zur Verfügung stehen. Eigenkapital und Reserven, auf Grund deren beglaubigte Kopien der Gemeinschaftslizenz nach der Verordnung (EG) Nr. 1072/2009 des Europäischen Parlaments und des Rates vom 21. Oktober 2009 über gemeinsame Regeln für den Zugang zum Markt des grenzüberschreitenden Güterkraftverkehrs (ABl. L 300 vom 14.11.2009, S. 72) in der jeweils geltenden Fassung erteilt wurden, können im Verfahren auf Erteilung der Erlaubnis und Erlaubnisausfertigung nicht nochmals in Ansatz gebracht werden. Verringert sich nach der Ausstellung von Ausfertigungen der Erlaubnis der Fahrzeugbestand nicht nur vorübergehend, so hat das

Unternehmen überzählige Ausfertigungen an die zuständige Behörde zurückzugeben. Stellt das Unternehmen den Betrieb endgültig ein, so hat es die Erlaubnis und alle Ausfertigungen unverzüglich zurückzugeben.

(4) Die Erlaubnis kann befristet, unter Bedingungen oder mit Auflagen erteilt werden.

(5) Eine Erlaubnis ist zurückzunehmen, wenn nachträglich bekannt wird, dass die Erlaubnis hätte versagt werden müssen. Eine Erlaubnis ist zu widerrufen, wenn nachträglich Tatsachen eintreten, die zur Versagung hätten führen müssen. Die Finanzbehörden dürfen die nach Landesrecht zuständigen Behörden davon in Kenntnis setzen, dass der Unternehmer die ihm obliegenden steuerrechtlichen Verpflichtungen wiederholt nicht erfüllt hat oder eine eidesstattliche Versicherung nach § 284 der Abgabenordnung abgegeben hat.

(5a) Rechtzeitig vor der Entscheidung über die Erteilung, die Rücknahme oder den Widerruf der Erlaubnis und von Erlaubnisausfertigungen gibt die nach Landesrecht zuständige Behörde dem Bundesamt für Güterverkehr, den beteiligten Verbänden des Verkehrsgewerbes, der fachlich zuständigen Gewerkschaft und der zuständigen Industrie- und Handelskammer Gelegenheit zur Stellungnahme. Vor der Entscheidung über die Erteilung, die Rücknahme oder den Widerruf von Erlaubnisausfertigungen kann die nach Landesrecht zuständige Behörde hiervon absehen.

(5b) Rechtfertigen Tatsachen die Annahme, dass der Unternehmer oder der Verkehrsleiter die Voraussetzungen hinsichtlich der Zuverlässigkeit nach Artikel 6 der Verordnung (EG) Nr. 1071/2009 nicht erfüllt, kann dem Unternehmer oder dem Verkehrsleiter die Führung von Güterkraftverkehrsgeschäften untersagt werden. Das Untersagungsverfahren gegen diese Personen kann unabhängig vom Verlauf eines Verfahrens auf Widerruf der Erlaubnis fortgesetzt werden. Auf

Antrag ist dem Unternehmer oder dem Verkehrsleiter die Führung von Güterkraftverkehrsgeschäften wieder zu gestatten, wenn Tatsachen die Annahme rechtfertigen, dass eine Unzuverlässigkeit im Sinne des Satzes 1 nicht mehr vorliegt. Vor Ablauf eines Jahres nach Bestandskraft der Untersagungsverfügung kann die Wiederaufnahme nur gestattet werden, wenn hierfür besondere Gründe vorliegen. Rechtzeitig vor der Entscheidung über die Untersagung der Führung von Güterkraftverkehrsgeschäften gegenüber dem Unternehmer oder dem Verkehrsleiter gibt die nach Landesrecht zuständige Behörde dem Bundesamt für Güterverkehr Gelegenheit zur Stellungnahme.

(6) Das Bundesministerium für Verkehr, Bau und Stadtentwicklung wird ermächtigt, mit Zustimmung des Bundesrates durch Rechtsverordnung Vorschriften zu erlassen, durch die

1.

die Anforderungen an die Berufszugangsvoraussetzungen zur Gewährleistung eines hohen Niveaus näher bestimmt werden und

2.

a)

das Verfahren zur Erteilung, zur Rücknahme und zum Widerruf der Erlaubnis und zur Erteilung und Einziehung der Erlaubnisausfertigungen einschließlich der Durchführung von Anhörungen,

b)

Form und Inhalt, insbesondere die Geltungsdauer der Erlaubnis und der Ausfertigungen,

c)

das Verfahren bei Eintritt wesentlicher Änderungen nach Erteilung der Erlaubnis und der Ausfertigungen,

3.

die Voraussetzungen für die Erteilung zusätzlicher beglaubigter Kopien nach Maßgabe der Verordnung (EG) Nr. 1071/2009 in der jeweils geltenden Fassung sowie

4.

die Voraussetzungen zur Rücknahme und zum Widerruf der Entscheidung über die Erteilung der beglaubigten Kopien entsprechend Artikel 12 Absatz 1 der Verordnung (EG) Nr. 1072/2009 in der jeweils geltenden Fassung

geregelt werden.

(7) Die nach Landesrecht zuständigen Behörden führen dieses Gesetz, die Verordnungen (EG) Nr. 1071/2009 und (EG) Nr. 1072/2009 und die auf diesem Gesetz beruhenden Verordnungen aus, soweit nicht etwas anderes bestimmt ist. Örtlich zuständig ist die Behörde, in deren Zuständigkeitsbereich das Unternehmen seine Niederlassung im Sinne von Artikel 5 der Verordnung (EG) Nr. 1071/2009 hat. Soweit keine Niederlassung besteht, richtet sich die Zuständigkeit nach dem Wohnsitz des Betroffenen.

Nichtamtliches Inhaltsverzeichnis

§ 4 Unterrichtung der Berufsgenossenschaft

Die nach Landesrecht zuständige Behörde hat der zuständigen Berufsgenossenschaft unverzüglich die Erteilung der Erlaubnis mitzuteilen. Die Anzeigepflicht des Unternehmers nach § 192 des Siebten Buches Sozialgesetzbuch bleibt unberührt.

Nichtamtliches Inhaltsverzeichnis

§ 5 Erlaubnispflicht und Gemeinschaftslizenz

Die Gemeinschaftslizenz nach Artikel 3 und 4 der Verordnung (EG) Nr. 1072/2009 gilt für Unternehmer, deren Unternehmenssitz im Inland liegt, als Erlaubnis nach § 3, es sei denn, es handelt sich um eine Beförderung zwischen dem Inland und einem Staat, der weder Mitglied der Europäischen Union noch anderer Vertragsstaaten des Abkommens über den Europäischen Wirtschaftsraum, noch die Schweiz ist. Satz 1 gilt nicht für Inhaber von Gemeinschaftslizenzen aus der Republik Kroatien.

Nichtamtliches Inhaltsverzeichnis

§ 6 Grenzüberschreitender Güterkraftverkehr durch Gebietsfremde

Ein Unternehmer, dessen Unternehmen seinen Sitz nicht im Inland hat, ist für den grenzüberschreitenden gewerblichen Güterkraftverkehr von der Erlaubnispflicht nach § 3 befreit, soweit er Inhaber der jeweils erforderlichen Berechtigung ist. Berechtigungen sind die

1.

Gemeinschaftslizenz,

2.

Genehmigung auf Grund der Resolution des Rates der Europäischen Konferenz der Verkehrsminister (CEMT-Resolution) vom 14. Juni 1973 (BGBl. 1974 II S. 298) nach Maßgabe der Verordnung über den grenzüberschreitenden Güterkraftverkehr und den Kabotageverkehr (GüKGrKabotageV) vom 28. Dezember 2011 (BGBl. 2012 I S. 42) in der jeweils geltenden Fassung,

3.

CEMT-Umzugsgenehmigung,

4.

Schweizerische Lizenz für den gewerblichen Güterkraftverkehr auf Grund des Abkommens zwischen der Europäischen Gemeinschaft und der Schweizerischen Eidgenossenschaft über den Güter- und Personenverkehr auf Schiene und Straße vom 21. Juni 1999 (ABl. L 114 vom 30.4.2002, S. 91) in der jeweils geltenden Fassung oder

5.

Drittstaatengenehmigung.

Nichtamtliches Inhaltsverzeichnis

§ 7 Mitführungs- und Aushändigungspflichten im gewerblichen Güterkraftverkehr

(1) Der Unternehmer hat dafür zu sorgen, dass bei einer Güterbeförderung im Inland, für die eine Erlaubnis nach § 3 oder eine Berechtigung nach § 6 erforderlich ist, während der gesamten Fahrt folgende Dokumente und Nachweise mitgeführt werden:

1.

die Erlaubnis oder eine Erlaubnisausfertigung, eine beglaubigte Kopie der Gemeinschaftslizenz oder der Schweizerischen Lizenz, eine CEMT-Genehmigung, eine CEMT-Umzugsgenehmigung oder eine Drittstaatengenehmigung,

2.

der für das eingesetzte Fahrzeug vorgeschriebene Nachweis über die Erfüllung bestimmter Technik-, Sicherheits- und Umweltanforderungen,

3.

ein Begleitpapier oder ein sonstiger Nachweis, in dem das beförderte Gut, der Be- und Entladeort und der Auftraggeber angegeben werden. Die Dokumente oder Nachweise nach Satz 1 Nummer 1 und 2 dürfen nicht in Folie eingeschweißt oder in ähnlicher Weise mit einer Schutzschicht überzogen werden. Bei Kabotagebeförderungen im Sinne des Artikels 8 der Verordnung (EG) Nr. 1072/2009 hat der Unternehmer, der weder Sitz noch Niederlassung in Deutschland hat, dafür zu sorgen, dass Nachweise im Sinne des Artikels 8 Absatz 3 Unterabsatz 2 der Verordnung (EG) Nr. 1072/2009 für die grenzüberschreitende Beförderung und jede einzelne durchgeführte Kabotagebeförderung während der Dauer der Beförderung mitgeführt werden.

(2) Das Fahrpersonal muß die erforderliche Berechtigung und die Nachweise nach Absatz 1 während der Fahrt mitführen und Kontrollberechtigten auf Verlangen zur Prüfung aushändigen. Das Begleitpapier oder der sonstige Nachweis nach Absatz 1 Satz 1 Nummer 3 kann statt durch Aushändigen des Dokumentes auch auf andere geeignete Weise zugänglich gemacht werden. Ausländisches Fahrpersonal muss auch den Pass oder ein sonstiges zum Grenzübertritt berechtigendes Dokument mitführen und Kontrollberechtigten auf Verlangen zur Prüfung aushändigen. Langfristig Aufenthaltsberechtigte im Sinne der Richtlinie 2003/109/EG des Rates vom 25. November 2003 betreffend die Rechtsstellung der langfristig aufenthaltsberechtigten Drittstaatsangehörigen (ABl. L 16 vom 23.1.2004, S. 44) haben außerdem die langfristige Aufenthaltsberechtigung-EG mitzuführen und Kontrollberechtigten auf Verlangen auszuhändigen.

(3) (weggefallen)

Nichtamtliches Inhaltsverzeichnis

§ 7a Haftpflichtversicherung

(1) Der Unternehmer ist verpflichtet, eine Haftpflichtversicherung abzuschließen und aufrechtzuerhalten, die die gesetzliche Haftung wegen

Güter- und Verspätungsschäden nach dem Vierten Abschnitt des Vierten Buches des Handelsgesetzbuches während Beförderungen, bei denen der Be- und Entladeort im Inland liegt, versichert.

(2) Die Mindestversicherungssumme beträgt 600 000 Euro je Schadensereignis. Die Vereinbarung einer Jahreshöchstersatzleistung, die nicht weniger als das Zweifache der Mindestversicherungssumme betragen darf, und eines Selbstbehalts sind zulässig.

(3) Von der Versicherung können folgende Ansprüche ausgenommen werden:

1.
   Ansprüche wegen Schäden, die vom Unternehmer oder seinem Repräsentanten vorsätzlich begangen wurden,

2.
   Ansprüche wegen Schäden, die durch Naturkatastrophen, Kernenergie, Krieg, kriegsähnliche Ereignisse, Bürgerkrieg, innere Unruhen, Streik, Aussperrung, terroristische Gewaltakte, Verfügungen von hoher Hand, Wegnahme oder Beschlagnahme seitens einer staatlich anerkannten Macht verursacht werden,

3.
   Ansprüche aus Frachtverträgen, die die Beförderung von Edelmetallen, Juwelen, Edelsteinen, Zahlungsmitteln, Valoren, Wertpapieren, Briefmarken, Dokumenten und Urkunden zum Gegenstand haben.

(4) Der Unternehmer hat dafür zu sorgen, dass während der Beförderung ein Nachweis über eine gültige Haftpflichtversicherung, die den Ansprüchen des Absatzes 1 entspricht, mitgeführt wird. Das Fahrpersonal muss diesen Versicherungsnachweis während der Beförderung mitführen und Kontrollberechtigten auf Verlangen zur Prüfung aushändigen.

(5) (weggefallen)

§ 7b Einsatz von ordnungsgemäß beschäftigtem Fahrpersonal

(1) Ein Unternehmer, dessen Unternehmen seinen Sitz im Inland hat, darf bei Fahrten im Inland im gewerblichen Güterkraftverkehr einen Angehörigen eines Staates, der weder Mitglied der Europäischen Union, eines anderen Vertragsstaates des Abkommens über den Europäischen Wirtschaftsraum noch Schweizer Staatsangehöriger ist, nur als Fahrpersonal einsetzen, wenn dieser im Besitz eines Aufenthaltstitels nach § 4 Abs. 3 des Aufenthaltsgesetzes, einer Aufenthaltsgestattung oder einer Duldung ist, die zur Ausübung der Beschäftigung berechtigen, oder eines solchen nicht bedarf (§ 4 Abs. 3 Satz 3 des Aufenthaltsgesetzes) oder im Besitz einer von einer inländischen Behörde ausgestellten gültigen Fahrerbescheinigung nach Artikel 5 der Verordnung (EG) Nr. 1072/2009 ist. Der Unternehmer hat dafür zu sorgen, dass ausländisches Fahrpersonal

1.

   den Pass, Passersatz oder Ausweisersatz und

2.

   den nach § 4 Abs. 3 des Aufenthaltsgesetzes erforderlichen Aufenthaltstitel, die Aufenthaltsgestattung oder die Duldung, die zur Ausübung der Beschäftigung berechtigen,

mitführt. Der Aufenthaltstitel kann für Zwecke dieses Gesetzes durch eine von einer inländischen Behörde ausgestellte gültige Fahrerbescheinigung nach Artikel 5 der Verordnung (EG) Nr. 1072/2009 ersetzt werden.

(2) Das Fahrpersonal muss die Unterlagen nach Absatz 1 Satz 2 während der gesamten Fahrt mitführen und Kontrollberechtigten auf Verlangen zur

Prüfung aushändigen.

(3) Die Fahrerbescheinigung nach Artikel 5 der Verordnung (EG) Nr. 1072/2009 wird von der nach Landesrecht zuständigen Behörde erteilt.

<u>Nichtamtliches Inhaltsverzeichnis</u>

§ 7c Verantwortung des Auftraggebers

Wer zu einem Zwecke, der seiner gewerblichen oder selbständigen beruflichen Tätigkeit zuzurechnen ist, einen Frachtvertrag oder einen Speditionsvertrag mit einem Unternehmen abgeschlossen hat, darf Leistungen aus diesem Vertrag nicht ausführen lassen, wenn er weiß oder fahrlässig nicht weiß, dass der Unternehmer

1.

   nicht Inhaber einer Erlaubnis nach § 3 oder einer Berechtigung nach § 6 oder einer Gemeinschaftslizenz ist, oder die Erlaubnis, Berechtigung oder Lizenz unzulässig verwendet,

2.

   bei der Beförderung Fahrpersonal einsetzt, das die Voraussetzungen des § 7b Abs. 1 Satz 1 nicht erfüllt, oder für das er nicht über eine Fahrerbescheinigung nach den Artikeln 3 und 5 der Verordnung (EG) Nr. 1072/2009 verfügt,

3.

   einen Frachtführer oder Spediteur einsetzt oder zulässt, dass ein solcher tätig wird, der die Beförderungen unter der Voraussetzung von

   a)

      Nummer 1

   b)

      Nummer 2

16

durchführt.

Die Wirksamkeit eines zu diesem Zwecke geschlossenen Vertrages wird durch einen Verstoß gegen Satz 1 nicht berührt.

Nichtamtliches Inhaltsverzeichnis

§ 7d

(weggefallen)

Nichtamtliches Inhaltsverzeichnis

§ 8 Vorläufige Weiterführung der Güterkraftverkehrsgeschäfte

(1) Nach dem Tode des Unternehmers darf der Erbe die Güterkraftverkehrsgeschäfte vorläufig weiterführen. Das gleiche gilt für den Testamentsvollstrecker, Nachlaßpfleger oder Nachlaßverwalter während einer Testamentsvollstreckung, Nachlaßpflegschaft oder Nachlaßverwaltung.

(2) Die Befugnis nach Absatz 1 erlischt, wenn nicht der Erbe binnen drei Monaten nach Ablauf der für die Ausschlagung der Erbschaft vorgesehenen Frist oder eine der in Absatz 1 Satz 2 genannten Personen binnen drei Monaten nach der Annahme ihres Amtes oder ihrer Bestellung die Erlaubnis beantragt hat. Ein in der Person des Erben wirksam gewordener Fristablauf wirkt auch gegen den Nachlaßverwalter. Die Frist kann auf Antrag einmal um drei Monate verlängert werden.

(3) Im Falle der Erwerbs- oder Geschäftsunfähigkeit des Unternehmers oder des Verkehrsleiters darf ein Dritter, bei dem die Voraussetzungen nach den Artikeln 6 und 8 der Verordnung (EG) Nr. 1071/2009 noch nicht festgestellt worden sind, die Güterkraftverkehrsgeschäfte bis zu sechs Monate nach Feststellung der Erwerbs- oder Geschäftsunfähigkeit weiterführen. Die Frist kann auf Antrag einmal um drei Monate verlängert werden.

3. Abschnitt
Werkverkehr

§ 9 Erlaubnis- und Versicherungsfreiheit

Der Werkverkehr ist erlaubnisfrei. Es besteht keine Versicherungspflicht.

4. Abschnitt
Bundesamt für Güterverkehr

§ 10 Organisation

(1) Das Bundesamt für Güterverkehr (Bundesamt) ist eine selbständige Bundesoberbehörde im Geschäftsbereich des Bundesministeriums für Verkehr, Bau und Stadtentwicklung. Es wird von dem Präsidenten geleitet.

(2) Der Aufbau des Bundesamtes wird durch das Bundesministerium für Verkehr, Bau und Stadtentwicklung geregelt.

§ 11 Aufgaben

(1) Das Bundesamt erledigt Verwaltungsaufgaben des Bundes auf dem Gebiet des Verkehrs, die ihm durch dieses Gesetz, durch andere Bundesgesetze oder auf Grund dieser Gesetze zugewiesen sind.

(2) Das Bundesamt hat darüber zu wachen, daß

1.

in- und ausländische Unternehmen des gewerblichen

Güterkraftverkehrs und alle anderen am Beförderungsvertrag Beteiligten die Pflichten erfüllen, die ihnen nach diesem Gesetz und den hierauf beruhenden Rechtsvorschriften obliegen,

2.

die Bestimmungen über den Werkverkehr eingehalten werden,

3.

die Rechtsvorschriften über

a)

die Beschäftigung und die Tätigkeiten des Fahrpersonals auf Kraftfahrzeugen einschließlich der aufenthalts-, arbeitsgenehmigungs- und sozialversicherungsrechtlichen Vorschriften,

b)

die zulässigen Abmessungen sowie die zulässigen Achslasten und Gesamtgewichte von Kraftfahrzeugen und Anhängern,

c)

die im internationalen Güterkraftverkehr verwendeten Container gemäß Artikel VI Abs. 1 des Internationalen Übereinkommens über sichere Container (CSC) in der Fassung der Bekanntmachung vom 2. August 1985 (BGBl. II S. 1009) in der jeweils durch Rechtsverordnung nach Artikel 2 des Zustimmungsgesetzes umgesetzten Fassung,

d)

die Abgaben, die für das Halten oder Verwenden von Fahrzeugen zur Straßengüterbeförderung sowie für die Benutzung von Straßen anfallen,

e)

(weggefallen)

f)

die Beförderung gefährlicher Güter auf der Straße,

g)

die Beförderungsmittel nach den Vorgaben des Übereinkommens über internationale Beförderungen leicht verderblicher Lebensmittel und über die besonderen Beförderungsmittel, die für diese Beförderungen zu verwenden sind (ATP), vom 1. September 1970 (BGBl. 1974 II S. 566) in der jeweils durch Rechtsverordnung nach Artikel 2 des Zustimmungsgesetzes umgesetzten Fassung,

h)

die Beschaffenheit, Kennzeichnung und Benutzung von Beförderungsmitteln und Transportbehältnissen zur Beförderung von Lebensmitteln und Erzeugnissen des Weinrechts,

i)

das Mitführen einer Ausfertigung der Genehmigung für die Beförderung von Kriegswaffen nach dem Gesetz über die Kontrolle von Kriegswaffen in der Fassung der Bekanntmachung vom 22. November 1990 (BGBl. I S. 2506) in der jeweils geltenden Fassung,

j)

die Beförderung von Abfall mit Fahrzeugen zur Straßengüterbeförderung,

k)

die zulässigen Werte für Geräusche und für verunreinigende Stoffe im Abgas von Kraftfahrzeugen zur Güterbeförderung,

l)

die Ladung,

m)

die nach Artikel 4 Abs. 1 in Verbindung mit Anhang I Nr. 10 der Richtlinie 2000/30/EG des Europäischen Parlaments und des Rates vom 6. Juni 2000 über die technische Unterwegskontrolle von Nutzfahrzeugen, die in der Gemeinschaft am Straßenverkehr teilnehmen (ABl. EG Nr. L 203 S. 1) zu prüfenden technischen Anforderungen an Kraftfahrzeuge zur Güterbeförderung,

n)

die Erlaubnis- und Ausweispflicht beim Führen von Kraftfahrzeugen zur Straßengüterbeförderung,

o)

das Sonn- und Feiertagsfahrverbot sowie die Ferienreiseverordnung und

p)

das Mitführen einer Erlaubnis, eines Befähigungsscheines oder einer Verbringensgenehmigung nach dem Sprengstoffgesetz

eingehalten werden, soweit diese Überwachung im Rahmen der Maßnahmen nach § 12 Abs. 1 und 2 durchgeführt werden kann.

(3) In den Fällen des Absatzes 2 Nr. 3 Buchstabe d hat das Bundesamt ohne Ersuchen den zuständigen Finanzbehörden die zur Sicherung der Besteuerung notwendigen Daten zu übermitteln.

(4) Allgemeine Verwaltungsvorschriften zu den Aufgaben nach Absatz 2 Nr. 3 Buchstabe j und k werden von der Bundesregierung mit Zustimmung des Bundesrates erlassen.

Nichtamtliches Inhaltsverzeichnis

§ 12 Befugnisse

(1) Soweit dies zur Durchführung der Aufgaben nach § 11 Abs. 2 erforderlich

ist, kann das Bundesamt insbesondere auf Straßen, auf Autohöfen und an Tankstellen Überwachungsmaßnahmen im Wege von Stichproben durchführen. Zu diesem Zweck dürfen seine Beauftragten Kraftfahrzeuge zur Güterbeförderung anhalten, die Identität des Fahrpersonals durch Überprüfung der mitgeführten Ausweispapiere feststellen sowie verlangen, dass die Zulassungsdokumente des Fahrzeugs, der Führerschein des Fahrpersonals und die nach diesem Gesetz oder sonstigen Rechtsvorschriften bei Fahrten im Güterkraftverkehr mitzuführenden Nachweise, Berechtigungen oder Bescheinigungen zur Prüfung ausgehändigt werden. Das Fahrpersonal hat, soweit erforderlich, den Beauftragten des Bundesamtes unverzüglich die zur Erfüllung der Überwachungsaufgabe erforderlichen Auskünfte wahrheitsgemäß nach bestem Wissen und Gewissen zu erteilen, vorhandene Hilfsmittel zur Verfügung zu stellen, Zutritt zum Fahrzeug zu gestatten sowie Hilfsdienste zu leisten. Die Verpflichtung nach Satz 3 besteht nicht, soweit ihre Erfüllung für das Fahrpersonal oder einen der in § 383 Abs. 1 Nr. 1 bis 3 der Zivilprozessordnung bezeichneten Angehörigen die Gefahr einer Verfolgung wegen einer Straftat oder Ordnungswidrigkeit begründet.

(2) Zur Überwachung von Rechtsvorschriften über die Beschäftigung und die Tätigkeiten des Fahrpersonals auf Kraftfahrzeugen können Beauftragte des Bundesamtes auf Antrag eines Landes auch Kraftomnibusse anhalten.

(3) Das Fahrpersonal hat die Zeichen und Weisungen der Beauftragten des Bundesamtes zu befolgen, ohne dadurch von seiner Sorgfaltspflicht entbunden zu sein.

(4) Soweit dies zur Durchführung der Aufgaben nach § 11 Abs. 2 Nr. 1 und 2 sowie Nr. 3 Buchstabe d (Rechtsvorschriften über die Abgaben für die Benutzung von Straßen) erforderlich ist, können Beauftragte des Bundesamtes bei Eigentümern und Besitzern von Kraftfahrzeugen zur

Güterbeförderung und allen an der Beförderung oder an den Handelsgeschäften über die beförderten Güter Beteiligten

1.

Grundstücke und Geschäftsräume innerhalb der üblichen Geschäfts- und Arbeitsstunden betreten sowie

2.

alle geschäftlichen Schriftstücke und Datenträger, insbesondere Aufzeichnungen, Frachtbriefe und Unterlagen über den Fahrzeugeinsatz einsehen und hieraus Abschriften, Auszüge, Ausdrucke und Kopien anfertigen oder elektronisch gespeicherte Daten auf eigene Datenträger übertragen.

Die in Satz 1 genannten Personen haben diese Maßnahmen zu gestatten.

(5) Die in Absatz 4 genannten und für sie tätigen Personen haben den Beauftragten des Bundesamtes auf Verlangen alle für die Durchführung der Überwachung nach § 11 Abs. 2 Nr. 1 und 2 sowie Nr. 3 Buchstabe d (Rechtsvorschriften über die Abgaben für die Benutzung von Straßen) erforderlichen

1.

Auskünfte zu erteilen,

2.

Nachweise zu erbringen sowie

3.

Hilfsmittel zu stellen und Hilfsdienste zu leisten.

Absatz 1 Satz 3 und 4 gilt entsprechend.

(6) Stellt das Bundesamt in Ausübung der in den Absätzen 1 und 2 genannten Befugnisse Tatsachen fest, die die Annahme rechtfertigen, dass Zuwiderhandlungen gegen

1.

§§ 142, 263, 266a, 267, 268, 269, 273, 281, 315c oder § 316 des Strafgesetzbuches,

2.

§§ 21, 22 oder 22b des Straßenverkehrsgesetzes,

2a.

§§ 10, 10a oder § 11 des Schwarzarbeitsbekämpfungsgesetzes,

2b.

§ 404 Abs. 2 Nr. 3 und 4 des Dritten Buches Sozialgesetzbuch,

2c.

(weggefallen)

3.

§ 24 des Straßenverkehrsgesetzes, die nach dem auf Grund des § 26a des Straßenverkehrsgesetzes erlassenen Bußgeldkatalog in der Regel mit Geldbußen von mindestens sechzig Euro geahndet werden,

4.

§ 24a oder § 24c des Straßenverkehrsgesetzes,

5.

§ 18 Abs. 1 Nr. 3 Buchstabe a oder Abs. 3 Nr. 2 Buchstabe a des Tierschutzgesetzes oder

6.

§ 69 Absatz 1 Nummer 8 und Absatz 2 Nummer 14 des Kreislaufwirtschaftsgesetzes,

bei denen das Bundesamt nicht Verwaltungsbehörde im Sinne des § 36 Abs. 1 Nr. 1 des Gesetzes über Ordnungswidrigkeiten ist, begangen wurden, übermittelt es derartige Feststellungen den zuständigen Behörden. Bei Durchführung der Überwachung nach den Absätzen 4 und 5 gilt Gleiches für schwerwiegende Zuwiderhandlungen gegen die in § 11 Abs. 2 Nr. 3

genannten Rechtsvorschriften. Das Recht, Straftaten oder Ordnungswidrigkeiten anzuzeigen, bleibt unberührt.

(7) Erfolgen Werbemaßnahmen, veröffentlichte Anzeigen oder Angebote ohne Angabe von Namen und Anschrift und bestehen in vorgenannten Fällen Anhaltspunkte für ungenehmigten Güterkraftverkehr oder die Aufforderung hierzu, können das Bundesamt oder die nach § 21a zuständigen Behörden von demjenigen, der die Werbemaßnahmen, die Anzeigen oder das Angebot veröffentlicht hat, Auskunft über Namen und Anschrift des Auftraggebers verlangen.

Nichtamtliches Inhaltsverzeichnis

§ 13 Untersagung der Weiterfahrt

(1) Das Bundesamt kann die Fortsetzung der Fahrt untersagen, soweit dies zur Wahrnehmung der ihm nach § 11 Abs. 2 Nr. 1 oder 3 übertragenen Aufgaben erforderlich ist.

(2) Werden die in § 7b Abs. 1 Satz 2 genannten Unterlagen oder die nach den Artikeln 3 und 5 der Verordnung (EG) Nr. 1072/2009 vorgeschriebene Fahrerbescheinigung nicht im Original mitgeführt oder auf Verlangen nicht zur Prüfung ausgehändigt, so können das Bundesamt sowie sonstige Kontrollberechtigte dem betroffenen Fahrpersonal die Fortsetzung der Fahrt so lange untersagen, bis diese Unterlagen vorgelegt werden. Das Bundesamt sowie sonstige Kontrollberechtigte können die Fortsetzung der Fahrt ferner untersagen, wenn

1.

   eine Erlaubnis nach § 3 oder eine Berechtigung nach § 6 nicht mitgeführt wird oder nicht zur Prüfung ausgehändigt wird oder

2.

eine nach § 46 Abs. 1 des Gesetzes über Ordnungswidrigkeiten in Verbindung mit § 132 Abs. 1 Nr. 1 der Strafprozessordnung angeordnete Sicherheitsleistung nicht oder nicht vollständig erbracht wird.

(3) Widerspruch und Anfechtungsklage gegen die Untersagung der Weiterfahrt nach den Absätzen 1 und 2 haben keine aufschiebende Wirkung.

Nichtamtliches Inhaltsverzeichnis

§ 14 Marktbeobachtung

(1) Das Bundesamt beobachtet und begutachtet die Entwicklung des Marktgeschehens im Verkehr (Marktbeobachtung). Die Marktbeobachtung umfasst den Eisenbahn-, Straßen- und Binnenschiffsgüterverkehr, den Luftverkehr sowie die Logistik. Mit der Marktbeobachtung sollen Entwicklungen auf dem Verkehrs- und Logistikmarkt frühzeitig erkannt werden. Es besteht keine Auskunftspflicht.

(2) Das Bundesamt berichtet dem Bundesministerium für Verkehr, Bau und Stadtentwicklung über den jeweiligen Stand der Entwicklung des Marktgeschehens und die absehbare künftige Entwicklung. Es bereitet dazu Daten aus dem Verwaltungsvollzug auf und erstellt oder betreut kurz- und mittelfristige Prognosen zum Güter- und Personenverkehr.

(3) Zur Erfüllung der Aufgaben nach den Absätzen 1 und 2 dürfen dem Bundesamt vom Statistischen Bundesamt, dem Kraftfahrt-Bundesamt und den Statistischen Ämtern der Länder aus den von diesen geführten Wirtschaftsstatistiken, insbesondere der Verkehrsstatistik, zusammengefaßte Einzelangaben übermittelt werden, sofern diese keine Rückschlüsse auf eine bestimmte oder bestimmbare Person zulassen.

(4) Die vom Bundesamt im Rahmen der Marktbeobachtung gewonnenen personenbezogenen Daten dürfen nur für Zwecke der Marktbeobachtung gespeichert und genutzt werden. Sie sind zu löschen, sobald sie für diese Zwecke nicht mehr benötigt werden.

Nichtamtliches Inhaltsverzeichnis

§ 14a Durchführung von Beihilfeverfahren

Das Bundesamt ist zuständig für die Durchführung von Beihilfeprogrammen des Bundes nach

1.

   der Verordnung (EG) Nr. 1998/2006 der Kommission vom 15. Dezember 2006 über die Anwendung der Artikel 87 und 88 EG-Vertrag auf „De-minimis"-Beihilfen (ABl. EU Nr. L 379 S. 5) und

2.

   dem Abschnitt 8 der Verordnung (EG) Nr. 800/2008 der Kommission vom 6. August 2008 zur Erklärung der Vereinbarkeit bestimmter Gruppen von Beihilfen mit dem Gemeinsamen Markt in Anwendung der Artikel 87 und 88 EG-Vertrag (allgemeine Gruppenfreistellungsverordnung) (ABl. EU Nr. L 214 S. 3).

Die Zuständigkeit des Bundesamtes nach Satz 1 umfasst sämtliche Aufgaben im Zusammenhang mit der Beihilfegewährung.

Nichtamtliches Inhaltsverzeichnis

§ 14b Durchführung von Verfahren nach der Verordnung (EU) Nr. 1214/2011

(1) Das Bundesamt für Güterverkehr ist zuständig für die Aufgaben nach den Artikeln 4, 11, 12, 21 und 22 der Verordnung (EU) Nr. 1214/2011 des Europäischen Parlaments und des Rates vom 16. November 2011 über den

gewerbsmäßigen grenzüberschreitenden Straßentransport von Euro-
Bargeld zwischen den Mitgliedstaaten des Euroraums (ABl. L 316 vom
29.11.2011, S. 1).

(2) Bei der Kontrolle der Einhaltung der Bestimmungen nach Artikel 21 gilt §
12 Absatz 4, 5 und 6 Satz 1 Nummer 1 bis 4 und Satz 2 und 3
entsprechend; bei der Verfolgung von Zuwiderhandlungen gilt § 20
entsprechend.

Nichtamtliches Inhaltsverzeichnis

§ 15 Datei über Unternehmen des gewerblichen Güterkraftverkehrs und des
gewerblichen Personenverkehrs mit Kraftomnibussen
(Verkehrsunternehmensdatei)

(1) Das Bundesamt führt die Verkehrsunternehmensdatei über alle im Inland
niedergelassenen Unternehmen des gewerblichen Güterkraftverkehrs und
des gewerblichen Personenverkehrs mit Kraftomnibussen, um unmittelbar
feststellen zu können, über welche Berechtigungen (Erlaubnis nach § 3,
Gemeinschaftslizenz nach Artikel 4 der Verordnung (EG) Nr. 1072/2009,
CEMT-Genehmigung, CEMT-Umzugsgenehmigung, bilaterale Genehmigung
für den grenzüberschreitenden gewerblichen Güterkraftverkehr,
Gemeinschaftslizenz nach Artikel 4 der Verordnung (EG) Nr. 1073/2009 des
Europäischen Parlaments und des Rates vom 21. Oktober 2009 über
gemeinsame Regeln für den Zugang zum grenzüberschreitenden
Personenkraftverkehrsmarkt und zur Änderung der Verordnung (EG) Nr.
561/2006 (ABl. L 300 vom 14.11.2009, S. 88) sowie Genehmigungen nach
dem Personenbeförderungsgesetz zur Beförderung von Personen mit
Kraftomnibussen im Linienverkehr oder im Gelegenheitsverkehr) die
jeweiligen Unternehmer verfügen. Die Verkehrsunternehmensdatei muss

nach näherer Bestimmung durch Rechtsverordnung gemäß Absatz 7 einen allgemein zugänglichen Teil enthalten.

(2) Die nach Landesrecht zuständige Behörde übermittelt dem Bundesamt unverzüglich die nach näherer Bestimmung durch Rechtsverordnung gemäß Absatz 7 zu speichernden oder zu einer Änderung einer Eintragung führenden Daten im Wege der Datenfernübertragung.

(3) Ergeben sich beim Bundesamt Anhaltspunkte dafür, daß ihm übermittelte Daten nicht mehr richtig sind, teilt es dies der zuständigen Landesbehörde mit. Diese kann vom Unternehmer Auskunft verlangen und unterrichtet das Bundesamt. Der Unternehmer ist zur Auskunft nach Satz 2 verpflichtet.

(4) Das Bundesamt darf die in der Verkehrsunternehmensdatei gespeicherten Daten für die

1.

Erteilung von CEMT-Genehmigungen und bilateralen Genehmigungen für den grenzüberschreitenden gewerblichen Güterkraftverkehr,

2.

Beantwortung von Anfragen der für die Erteilung der Genehmigung zur Beförderung von Kriegswaffen zuständigen Behörden nach der Zuverlässigkeit des Antragstellers gemäß dem Gesetz über die Kontrolle von Kriegswaffen in der Fassung der Bekanntmachung vom 22. November 1990 (BGBl. I S. 2506) in der jeweils geltenden Fassung,

3.

Erledigung der Aufgaben, die ihm nach dem Gesetz zur Sicherstellung des Verkehrs in der Fassung der Bekanntmachung vom 8. Oktober 1968 (BGBl. I S. 1082) in der jeweils geltenden Fassung sowie durch das Gesetz zur Sicherung von Verkehrsleistungen vom 23. Juli 2004 (BGBl. I S. 1865) in der jeweils geltenden Fassung übertragen sind,

4.

Überwachung der Einhaltung der für Verkehrsunternehmer geltenden Pflichten einschließlich der Verfolgung und Ahndung von Zuwiderhandlungen,

5.

Durchführung von Beihilfeverfahren im Sinne des § 14a und

6.

Beantwortung von Anfragen von Erteilungsbehörden und zuständigen öffentlichen Stellen in einem Mitgliedstaat der Europäischen Union zum Zweck der Überprüfung der Einhaltung der Zugangsvoraussetzungen zum Beruf des Güter- und Personenkraftverkehrsunternehmers

verarbeiten und nutzen, soweit dies zur Erfüllung der genannten Aufgaben erforderlich ist.

(5) Das Bundesamt ist berechtigt, die Verkehrsunternehmensdatei als Auswahlgrundlage für die Durchführung der Unternehmensstatistik im gewerblichen Güterkraftverkehr und der Marktbeobachtung nach § 14 zu verwenden.

(6) Die in der Verkehrsunternehmensdatei gespeicherten Daten sind zu löschen, wenn sie für die Aufgaben nach Absatz 1, 4 und 5 nicht mehr benötigt werden, spätestens aber zwei Jahre, nachdem das Unternehmen seinen Betrieb eingestellt hat.

(7) Das Bundesministerium für Verkehr, Bau und Stadtentwicklung wird ermächtigt, durch Rechtsverordnung mit Zustimmung des Bundesrates die Einzelheiten der Führung der Verkehrsunternehmensdatei zu regeln, insbesondere das Nähere

1.

zu den in der Verkehrsunternehmensdatei zu speichernden Daten einschließlich der Angaben zur Identifizierung der Unternehmen, der Inhaber, der geschäftsführungs- und vertretungsberechtigten Gesellschafter, der gesetzlichen Vertreter sowie Verkehrsleiter,

2.

zur Veröffentlichung des allgemein zugänglichen Teils der Datei,

3.

zum Verfahren der Übermittlung von Daten an und durch das Bundesamt,

4.

über Zugriffsrechte und das Verfahren der Erteilung von Auskünften,

5.

zur Verantwortung für den Inhalt der Verkehrsunternehmensdatei und die Datenpflege sowie

6.

zu den nach § 9 des Bundesdatenschutzgesetzes erforderlichen technischen und organisatorischen Maßnahmen.

Nichtamtliches Inhaltsverzeichnis

§ 15a Werkverkehrsdatei

(1) Das Bundesamt führt eine Datei über alle im Inland niedergelassenen Unternehmen, die Werkverkehr mit Lastkraftwagen, Zügen (Lastkraftwagen und Anhänger) und Sattelkraftfahrzeugen durchführen, deren zulässiges Gesamtgewicht 3,5 Tonnen übersteigt, um unmittelbar feststellen zu können, welche Unternehmen Werkverkehr mit größeren Kraftfahrzeugen betreiben.

(2) Jeder Unternehmer, der Werkverkehr im Sinne des Absatzes 1 betreibt, ist verpflichtet, sein Unternehmen vor Beginn der ersten Beförderung beim Bundesamt anzumelden.

(3) Zur Speicherung in der Werkverkehrsdatei hat der Unternehmer bei der Anmeldung folgende Angaben zu machen und auf Verlangen nachzuweisen:

1.

Name, Rechtsform und Gegenstand des Unternehmens,

2.

Anschrift sowie Telefon- und Telefaxnummern des Sitzes,

3.

Vor- und Familiennamen der Inhaber, der geschäftsführungs- und vertretungsberechtigten Gesellschafter und der gesetzlichen Vertreter,

4.

Anzahl der Lastkraftwagen, Züge (Lastkraftwagen und Anhänger) und Sattelkraftfahrzeuge, deren zulässiges Gesamtgewicht 3,5 Tonnen übersteigt, sowie

5.

Anschriften der Niederlassungen.

(4) Das Bundesamt darf die in Absatz 3 genannten Angaben

1.

zur Vorbereitung verkehrspolitischer Entscheidungen durch die zuständigen Stellen,

2.

zur Überwachung der Einhaltung der für Werkverkehrsunternehmer geltenden Pflichten einschließlich der Verfolgung und Ahndung von Zuwiderhandlungen,

3.

als Auswahlgrundlage für Unternehmensbefragungen im Rahmen der Marktbeobachtung nach § 14 sowie für die Durchführung der Unternehmensstatistik im Werkverkehr,

4.

zur Durchführung von Beihilfeverfahren im Sinne des § 14a und

5.

für die Erledigung der Aufgaben, die ihm nach dem Gesetz zur
Sicherstellung des Verkehrs sowie durch das Gesetz zur Sicherstellung
von Verkehrsleistungen übertragen sind,

verarbeiten und nutzen, soweit dies zur Erfüllung der genannten Aufgaben
erforderlich ist.

(5) Ändern sich die in Absatz 3 genannten Angaben, so hat der Unternehmer
dies dem Bundesamt unverzüglich mitzuteilen und auf Verlangen
nachzuweisen.

(6) Führt der Unternehmer keinen Werkverkehr im Sinne des Absatzes 1
mehr durch, hat er sich unverzüglich beim Bundesamt abzumelden.

(7) Die nach Absatz 3 gespeicherten Daten sind zu löschen, wenn sie für die
in Absatz 4 genannten Aufgaben nicht mehr benötigt werden, spätestens
aber ein Jahr, nachdem sich der Unternehmer beim Bundesamt abgemeldet
hat.

Nichtamtliches Inhaltsverzeichnis

§ 16 Datei über abgeschlossene Bußgeldverfahren

(1) Das Bundesamt darf zum Zweck der Verfolgung und Ahndung weiterer
Ordnungswidrigkeiten desselben Betroffenen sowie zum Zweck der
Beurteilung der Zuverlässigkeit des Unternehmers und der Verkehrsleiter
folgende personenbezogenen Daten über abgeschlossene
Bußgeldverfahren, bei denen es Verwaltungsbehörde im Sinne des § 36
Abs. 1 Nr. 1 des Gesetzes über Ordnungswidrigkeiten ist, in Dateien
speichern und verändern:

1.

Geburtsname, Familienname, Vorname, Geschlecht, Geburtsdatum, Geburtsort, Geburtsstaat und Staatsangehörigkeit des Betroffenen, seine Stellung im Unternehmen sowie Name und Anschrift des Unternehmens,

2.

Zeit und Ort der Begehung der Ordnungswidrigkeit,

3.

die gesetzlichen Merkmale der Ordnungswidrigkeit und die angewendeten Bußgeldvorschriften,

4.

Bußgeldbescheide mit dem Datum ihres Erlasses und dem Datum des Eintritts der Rechtskraft, gerichtliche Entscheidungen in Bußgeldsachen mit dem Datum der Entscheidung und dem Datum des Eintritts ihrer Rechtskraft sowie jeweils die entscheidende Stelle samt Geschäftsnummer oder Aktenzeichen und

5.

die Höhe der Geldbuße.

Das Bundesamt darf diese Daten nutzen, soweit es für die in Satz 1 genannten Zwecke erforderlich ist.

(2) Zum Zweck der Vorbereitung und Durchführung der Überwachung nach § 12 Abs. 4 und 5 sowie der Beurteilung der Zuverlässigkeit des Unternehmers und der Verkehrsleiter gilt Absatz 1 entsprechend für abgeschlossene Bußgeldverfahren wegen Zuwiderhandlungen nach § 19, die in einem Unternehmen mit Sitz im Inland begangen wurden. Über diese Verfahren teilen die zuständigen Verwaltungsbehörden im Sinne des § 36 Abs. 1 Nr. 1 des Gesetzes über Ordnungswidrigkeiten dem Bundesamt die Daten nach Absatz 1 Satz 1 mit.

34

Unternehmensangehöriger dem Unternehmen und der nach Landesrecht zuständigen Behörde mitzuteilen, soweit Anlaß besteht, an der Zuverlässigkeit des Unternehmers oder der Verkehrsleiter zu zweifeln. Zur Feststellung solcher Wiederholungsfälle hat es die Zuwiderhandlungen der Angehörigen desselben Unternehmens zusammenzuführen.

(4) Das Bundesamt übermittelt die Daten nach Absatz 1 Satz 1

1.

    an in- und ausländische öffentliche Stellen, soweit dies für die Entscheidung über den Zugang zum Beruf des Güter- und Personenkraftverkehrsunternehmers erforderlich ist,

1a.

    bei Verstößen gegen Vorschriften zur Verhinderung illegaler Beschäftigung und Vorschriften für die Sozialversicherung an die Bundesagentur für Arbeit, die Hauptzollämter, die Einzugsstellen und die Träger der Rentenversicherung sowie die Ausländerbehörden, soweit dies zur Vorbereitung und Durchführung weiterer Ermittlungen, insbesondere von Betriebskontrollen, erforderlich ist,

2.

    auf Ersuchen an Gerichte und die Behörden, die hinsichtlich der in § 11 genannten Aufgaben Verwaltungsbehörde nach § 36 Abs. 1 Nr. 1 des Gesetzes über Ordnungswidrigkeiten sind, soweit dies zur Verfolgung und Ahndung von Ordnungswidrigkeiten erforderlich ist.

(5) Die Übermittlung an ausländische öffentliche Stellen nach Absatz 4 Nr. 1 unterbleibt, soweit Grund zu der Annahme besteht, daß durch sie gegen den Zweck eines deutschen Gesetzes verstoßen würde. Sie unterbleibt außerdem, wenn durch sie schutzwürdige Interessen des Betroffenen beeinträchtigt würden, insbesondere wenn im Empfängerland ein

angemessener Datenschutzstandard nicht gewährleistet ist. Die ausländische öffentliche Stelle ist darauf hinzuweisen, daß sie die nach Absatz 4 Nr. 1 übermittelten Daten nur zu dem Zweck nutzen darf, zu dem sie übermittelt wurden.

(6) Eine Übermittlung an inländische öffentliche Stellen unterbleibt, soweit das schutzwürdige Interesse des Betroffenen am Ausschluß der Übermittlung das öffentliche Interesse an der Übermittlung überwiegt. Die inländische öffentliche Stelle darf die nach Absatz 4 übermittelten Daten nur für den Zweck verarbeiten oder nutzen, zu dessen Erfüllung sie übermittelt wurden.

(7) Erweisen sich übermittelte Daten als unrichtig, so ist der Empfänger unverzüglich zu unterrichten, wenn dies zur Wahrung schutzwürdiger Interessen des Betroffenen erforderlich ist.

(8) Das Bundesamt hat die nach Absatz 1 Satz 1 gespeicherten Daten zwei Jahre nach dem Eintritt der Rechtskraft des Bußgeldbescheides oder der gerichtlichen Entscheidung zu löschen, wenn in dieser Zeit keine weiteren Eintragungen im Sinne des Absatzes 1 Satz 1 Nr. 4 hinzugekommen sind. Sie sind spätestens fünf Jahre nach ihrer Speicherung zu löschen.

Nichtamtliches Inhaltsverzeichnis

§ 17 Nationale Kontaktstelle und europäischer Informationsaustausch

(1) Das Bundesamt ist nationale Kontaktstelle nach Artikel 18 Absatz 1 der Verordnung (EG) Nr. 1071/2009.

(2) Das Bundesamt leitet als nationale Kontaktstelle Daten über schwerwiegende Verstöße gegen Gemeinschaftsvorschriften in den in Artikel 6 Absatz 1 Buchstabe b der Verordnung (EG) Nr. 1071/2009 genannten Bereichen, die in einem Güter- oder Personenkraftverkehrsunternehmen mit

Sitz in einem anderen Mitgliedstaat der Europäischen Union begangen wurden, von Amts wegen an die nationale Kontaktstelle des Niederlassungsmitgliedstaates weiter. Hierzu übermitteln Staatsanwaltschaften und Verwaltungsbehörden im Sinne des § 36 Absatz 1 Nummer 1 des Gesetzes über Ordnungswidrigkeiten dem Bundesamt nach Eintritt der Rechtskraft der gerichtlichen Entscheidung oder des Bußgeldbescheides die erforderlichen Informationen einschließlich personenbezogener Daten. Das Bundesamt leitet Mitteilungen aus dem Niederlassungsmitgliedstaat über anlässlich des übermittelten Verstoßes veranlasste Maßnahmen im Sinne des Artikels 12 Absatz 1 der Verordnung (EG) Nr. 1072/2009 und des Artikels 22 Absatz 1 der Verordnung (EG) Nr. 1073/2009 an die übermittelnde deutsche Stelle weiter.

(3) Das Bundesamt leitet als nationale Kontaktstelle Mitteilungen aus anderen Mitgliedstaaten der Europäischen Union über schwerwiegende Verstöße gegen Gemeinschaftsvorschriften in den in Artikel 6 Absatz 1 Buchstabe b der Verordnung (EG) Nr. 1071/2009 genannten Bereichen, die in einem Güter- oder Personenkraftverkehrsunternehmen mit Sitz im Inland begangen wurden, von Amts wegen an die jeweils zuständige Erteilungsbehörde weiter. Das Bundesamt leitet Mitteilungen der zuständigen Landesbehörde über anlässlich des übermittelten Verstoßes veranlasste Maßnahmen im Sinne des Artikels 12 Absatz 1 der Verordnung (EG) Nr. 1072/2009 und des Artikels 22 Absatz 1 der Verordnung (EG) Nr. 1073/2009 an die nationale Kontaktstelle des mitteilenden Mitgliedstaates der Europäischen Union weiter.

(4) Das Bundesamt leitet als nationale Kontaktstelle von Amts wegen Anfragen von zuständigen Landesbehörden zu bestandskräftigen Entscheidungen von Behörden anderer Mitgliedstaaten der Europäischen Union, durch die einer bestimmten Person nach Maßgabe des Artikels 6

Absatz 2 und des Artikels 14 der Verordnung (EG) Nr. 1071/2009 die Führung von Kraftverkehrsgeschäften wegen Unzuverlässigkeit untersagt wird, an nationale Kontaktstellen anderer Mitgliedstaaten der Europäischen Union weiter. Das Bundesamt leitet an die anfragende Landesbehörde in diesem Zusammenhang eingegangene Antworten aus anderen Mitgliedstaaten der Europäischen Union weiter.

(5) Das Bundesamt erteilt als nationale Kontaktstelle den nationalen Kontaktstellen anderer Mitgliedstaaten der Europäischen Union auf Anfrage Auskunft über Personen, denen eine deutsche Behörde nach § 3 Absatz 5b oder § 25a des Personenbeförderungsgesetzes die Führung von Kraftverkehrsgeschäften wegen Unzuverlässigkeit bestandskräftig untersagt hat, soweit dies für die Entscheidung über den Zugang zum Beruf des Güter- und Personenkraftverkehrsunternehmers erforderlich ist. Die für eine Untersagung nach Satz 1 zuständige Landesbehörde teilt dem Bundesamt unverzüglich eine Untersagung und die Identifizierungsdaten des Betroffenen mit; das Bundesamt darf die Identifizierungsdaten für den in Satz 1 genannten Zweck speichern. Wird die persönliche Ausübung von Verkehrsgeschäften wieder gestattet oder wird die Untersagung aus anderen Gründen gegenstandslos, teilt die zuständige Behörde dies dem Bundesamt unverzüglich mit, das die Identifizierungsdaten unverzüglich löscht.

(6) Die Datenübermittlung zwischen den beteiligten inländischen Stellen und dem Bundesamt erfolgt im Wege der Datenfernübertragung. Dabei sind dem jeweiligen Stand der Technik entsprechende Maßnahmen zur Sicherstellung von Datenschutz und Datensicherheit zu treffen, die insbesondere die Vertraulichkeit und Unversehrtheit der Daten gewährleisten; im Falle der Nutzung allgemein zugänglicher Netze sind dem jeweiligen Stand der Technik entsprechende Verschlüsselungsverfahren anzuwenden.

38

(7) Den Inhalt der für die Zwecke der Absätze 2 bis 5 erforderlichen Informationen sowie die Einzelheiten der Kommunikation zwischen den beteiligten inländischen Stellen und dem Bundesamt einschließlich der Vorgaben über den Aufbau der Datensätze und der Datenstruktur regeln Durchführungsbestimmungen, die vom Bundesamt mit Zustimmung des Bundesministeriums für Verkehr, Bau und Stadtentwicklung erlassen und geändert werden.

Nichtamtliches Inhaltsverzeichnis

§ 17a Zuständigkeit für die Durchführung internationalen Verkehrsrechts

Das Bundesministerium für Verkehr, Bau und Stadtentwicklung wird ermächtigt, durch Rechtsverordnung mit Zustimmung des Bundesrates das Bundesamt als die für die Bundesrepublik Deutschland zuständige Stelle zu bestimmen, soweit eine solche Bestimmung auf dem Gebiet des Verkehrs zur Durchführung von Rechtsakten der Europäische Union oder eines internationalen Abkommens erforderlich ist.

5. Abschnitt

Überwachung, Bußgeldvorschriften

Nichtamtliches Inhaltsverzeichnis

§ 18 Grenzkontrollen

Die für die Kontrolle an der Grenze zuständigen Stellen sind berechtigt, Kraftfahrzeuge zurückzuweisen, wenn die nach diesem Gesetz erforderlichen Unterlagen, deren Mitführung vorgeschrieben ist, trotz Aufforderung nicht vorgelegt werden.

Nichtamtliches Inhaltsverzeichnis

§ 19 Bußgeldvorschriften

(1) Ordnungswidrig handelt, wer vorsätzlich oder fahrlässig

1.

    entgegen § 2 Abs. 1a Satz 1 nicht dafür sorgt, dass ein Begleitpapier oder ein sonstiger Nachweis mitgeführt wird,

1a.

    entgegen § 2 Abs. 1a Satz 2 das Begleitpapier oder den sonstigen Nachweis nicht mitführt, nicht oder nicht rechtzeitig aushändigt oder nicht oder nicht rechtzeitig zugänglich macht,

1b.

    ohne Erlaubnis nach § 3 Abs. 1 gewerblichen Güterkraftverkehr betreibt,

1c.

    einer vollziehbaren Auflage nach § 3 Absatz 4 zuwiderhandelt,

2.

    einer Rechtsverordnung nach § 3 Abs. 6 Nr. 2 Buchstabe c, Nr. 3 oder 4 oder § 23 Abs. 3 Satz 1 oder Abs. 5 oder einer vollziehbaren Anordnung auf Grund einer solchen Rechtsverordnung zuwiderhandelt, soweit die Rechtsverordnung für einen bestimmten Tatbestand auf diese Bußgeldvorschrift verweist,

3.

    entgegen § 7 Absatz 1 Satz 1 oder Satz 3 nicht dafür sorgt, dass ein dort genanntes Dokument oder ein dort genannter Nachweis mitgeführt wird,

4.

    entgegen § 7 Absatz 1 Satz 2 ein dort genanntes Dokument oder einen dort genannten Nachweis einschweißt oder mit einer Schutzschicht überzieht,

5.

entgegen

a)

§ 7 Absatz 2 Satz 1 oder

b)

§ 7 Absatz 2 Satz 3 oder Satz 4

ein dort genanntes Dokument, einen dort genannten Nachweis, einen

Pass, ein sonstiges zum Grenzübertritt berechtigendes Dokument oder

eine langfristige Aufenthaltsberechtigung-EG nicht mitführt oder nicht

oder nicht rechtzeitig aushändigt,

6.

(weggefallen)

6a.

entgegen § 7a Abs. 4 Satz 1 nicht dafür sorgt, dass ein dort genannter

Nachweis mitgeführt wird,

6b.

entgegen § 7a Abs. 4 Satz 2 ein Versicherungsnachweis nicht mitführt

oder nicht oder nicht rechtzeitig aushändigt,

6c.

entgegen § 7b Abs. 1 Satz 1 einen Angehörigen eines dort genannten

Staates als Fahrpersonal einsetzt,

6d.

entgegen § 7b Abs. 1 Satz 2 nicht dafür sorgt, dass das ausländische

Fahrpersonal eine dort genannte Unterlage mitführt,

6e.

entgegen § 7b Abs. 2 eine dort genannte Unterlage nicht mitführt oder

nicht oder nicht rechtzeitig aushändigt,

7.

entgegen § 12 Abs. 1 Satz 3 oder Abs. 5 Satz 1 Nr. 1, § 15 Abs. 3 Satz 3 oder § 21a Abs. 3 Satz 1 eine Auskunft nicht, nicht richtig, nicht vollständig oder nicht rechtzeitig erteilt,

8.

entgegen § 12 Abs. 3 ein Zeichen oder eine Weisung nicht befolgt,

9.

entgegen § 12 Abs. 4 Satz 2 oder § 21a Absatz 2 Satz 2 eine Maßnahme nicht gestattet,

10.

entgegen § 12 Abs. 5 Satz 1 Nr. 2 oder § 21a Abs. 3 Satz 1 einen Nachweis nicht, nicht richtig, nicht vollständig oder nicht rechtzeitig erbringt,

11.

entgegen § 12 Abs. 5 Satz 1 Nr. 3 oder § 21a Abs. 3 Satz 1 ein Hilfsmittel nicht oder nicht rechtzeitig stellt oder Hilfsdienste nicht oder nicht rechtzeitig leistet,

12.

einer vollziehbaren Untersagung nach § 13 Absatz 1 oder Absatz 2 zuwiderhandelt,

12a.

entgegen § 15a Abs. 2 und 3 sein Unternehmen nicht, nicht richtig, nicht vollständig oder nicht rechtzeitig anmeldet,

12b.

entgegen § 15a Abs. 3 die Angaben auf Verlangen nicht, nicht richtig, nicht vollständig oder nicht rechtzeitig nachweist,

12c.

entgegen § 15a Abs. 5 Änderungen nicht, nicht richtig, nicht vollständig oder nicht rechtzeitig mitteilt,

12d.

entgegen § 15a Abs. 5 Änderungen nicht, nicht richtig, nicht vollständig oder nicht rechtzeitig nachweist oder

12e.

entgegen § 15a Abs. 6 sein Unternehmen nicht rechtzeitig abmeldet.

(1a) Ordnungswidrig handelt, wer

1.

entgegen § 7c Satz 1 Nr. 1 oder 3 Buchstabe a oder

2.

entgegen § 7c Satz 1 Nr. 2 oder 3 Buchstabe b

eine Leistung ausführen lässt.

(2) Ordnungswidrig handelt, wer gegen die Verordnung (EG) Nr. 1072/2009 des Europäischen Parlaments und des Rates vom 21. Oktober 2009 über gemeinsame Regeln für den Zugang zum Markt des grenzüberschreitenden Güterkraftverkehrs (ABl. L 300 vom 14.11.2009, S. 72) verstößt, indem er vorsätzlich oder fahrlässig

1.

ohne Gemeinschaftslizenz nach Artikel 3 grenzüberschreitenden Güterkraftverkehr betreibt,

2.

entgegen Artikel 5 Absatz 6 Satz 1 dem Fahrer die Fahrerbescheinigung nicht oder nicht rechtzeitig zur Verfügung stellt oder

3.

entgegen Artikel 5 Absatz 6 Satz 3 die Fahrerbescheinigung nicht oder nicht rechtzeitig vorzeigt.

43

(2a) Ordnungswidrig handelt, wer vorsätzlich oder fahrlässig im Kabotageverkehr nach Artikel 8 der Verordnung (EG) Nr. 1072/2009

1.

vor der ersten Kabotagebeförderung eine grenzüberschreitende Beförderung aus einem Mitgliedstaat der Europäischen Union oder einem Drittland nicht durchführt,

2.

vor der letzten Entladung der nach Deutschland eingeführten Lieferung eine Kabotagebeförderung durchführt,

3.

mehr als drei Kabotagebeförderungen im Anschluss an die grenzüberschreitende Beförderung durchführt,

4.

nicht dasselbe Fahrzeug für alle Kabotagebeförderungen verwendet oder im Fall von Fahrzeugkombinationen nicht das Kraftfahrzeug desselben Fahrzeugs für alle Kabotagebeförderungen verwendet,

5.

später als sieben Tage nach der letzten Entladung der eingeführten Lieferung eine Kabotagebeförderung durchführt,

6.

nach Durchführung von mehr als zwei Kabotagebeförderungen in einem oder mehreren anderen Mitgliedstaaten nach unbeladener Einfahrt eine Kabotagebeförderung in Deutschland durchführt,

7.

nach Durchführung einer grenzüberschreitenden Beförderung in einen Mitgliedstaat und unbeladener Einfahrt nach Deutschland mehr als eine Kabotagebeförderung durchführt oder

8.

eine Kabotagebeförderung nicht innerhalb von drei Tagen im Anschluss an eine unbeladene Einfahrt nach Deutschland beendet.

(3) Ordnungswidrig handelt, wer als Fahrer, der Staatsangehöriger eines Drittstaates ist, vorsätzlich oder fahrlässig eine Kabotagebeförderung nach Artikel 8 der Verordnung (EG) Nr. 1072/2009 durchführt, ohne die Fahrerbescheinigung mitzuführen.

(4) Ordnungswidrig handelt, wer vorsätzlich oder fahrlässig

1.

im grenzüberschreitenden Güterkraftverkehr einen Fahrer einsetzt, für den eine Fahrerbescheinigung nach Artikel 5 Absatz 2 der Verordnung (EG) Nr. 1072/2009 nicht ausgestellt worden ist,

2.

Kabotage nach Artikel 8 Absatz 1 der Verordnung (EG) Nr. 1072/2009 betreibt, ohne Inhaber einer Gemeinschaftslizenz nach Artikel 4 der Verordnung (EG) Nr. 1072/2009 zu sein, oder

3.

im Kabotageverkehr nach Artikel 8 Absatz 1 der Verordnung (EG) Nr. 1072/2009 einen Fahrer einsetzt, für den eine Fahrerbescheinigung nach Artikel 5 Absatz 2 der Verordnung (EG) Nr. 1072/2009 nicht ausgestellt worden ist.

(5) Ordnungswidrig handelt, wer gegen die Verordnung (EU) Nr. 1214/2011 des Europäischen Parlaments und des Rates vom 16. November 2011 über den gewerbsmäßigen grenzüberschreitenden Straßentransport von Euro-Bargeld zwischen den Mitgliedstaaten des Euroraums (ABl. L 316 vom 29.11.2011, S. 1) verstößt, indem er vorsätzlich oder fahrlässig

1.

45

ohne Lizenz nach Artikel 4 Absatz 1 einen grenzüberschreitenden Geldtransport betreibt,

2.

entgegen Artikel 4 Absatz 3 Satz 2 ein Original oder eine beglaubigte Kopie einer gültigen Lizenz nicht oder nicht rechtzeitig vorweist,

3.

entgegen Artikel 6 Absatz 4 Satz 1 eine erforderliche Waffengenehmigung nicht besitzt oder

4.

entgegen Artikel 10 dort genannte Banknoten nicht oder nicht unverzüglich nach Entdecken aus dem Verkehr zieht.

(6) Ordnungswidrig handelt, wer vorsätzlich oder fahrlässig

1.

als Verantwortlicher eines lizenzierten Unternehmens Sicherheitspersonal einsetzt, das einer in Artikel 5 Absatz 1 Unterabsatz 1 oder Absatz 2 Satz 1 der Verordnung (EU) Nr. 1214/2011 genannten Anforderung nicht genügt,

2.

als Verantwortlicher eines lizenzierten Unternehmens ein Fahrzeug einsetzt, das einer Anforderung des Artikels 7 Absatz 1, 2, 3 oder Absatz 4 Satz 1 der Verordnung (EU) Nr. 1214/2011 nicht genügt, oder

3.

einen Transport in einer nicht nach Artikel 13 Absatz 1 Satz 1 der Verordnung (EU) Nr. 1214/2011 genannten Option durchführt.

(7) Die Ordnungswidrigkeit kann in den Fällen des Absatzes 1 Nr. 6c, Absatzes 1a Nr. 2 und des Absatzes 4 Nr. 1 und 3 mit einer Geldbuße bis zu zweihunderttausend Euro, in den Fällen der Absätze 5 und 6 mit einer

Geldbuße bis zu hunderttausend Euro, in den Fällen des Absatzes 1 Nr. 1b, 12, des Absatzes 1a Nr. 1, des Absatzes 2 Nr. 1 und des Absatzes 4 Nr. 2 mit einer Geldbuße bis zu zwanzigtausend Euro, in den übrigen Fällen mit einer Geldbuße bis zu fünftausend Euro geahndet werden. Sie können auf der Grundlage und nach Maßgabe internationaler Übereinkünfte auch dann geahndet werden, wenn sie im Bereich gemeinsamer Grenzabfertigungsanlagen außerhalb des räumlichen Geltungsbereiches dieses Gesetzes begangen werden.

Nichtamtliches Inhaltsverzeichnis

§ 20 Befugnisse des Bundesamtes bei der Verfolgung von Zuwiderhandlungen

(1) Bei der Durchführung der Überwachungsaufgaben nach § 11 haben das Bundesamt und seine Beauftragten Zuwiderhandlungen gegen die gesetzlichen Vorschriften zu erforschen und zu verfolgen. Die Beauftragten des Bundesamtes haben insoweit die Rechte und Pflichten der Beamten des Polizeivollzugsdienstes nach den Vorschriften der Strafprozeßordnung und nach dem Gesetz über Ordnungswidrigkeiten. § 163 der Strafprozeßordnung und § 53 des Gesetzes über Ordnungswidrigkeiten bleiben unberührt.

(1a) In den Fällen des Absatzes 1 Satz 1 haben die Beauftragten des Bundesamtes bei Gefahr im Verzuge das Recht zur Anordnung von Sicherheitsleistungen nach § 46 Abs. 1 des Gesetzes über Ordnungswidrigkeiten in Verbindung mit § 132 Abs. 1 Satz 1 Nr. 1, Satz 2, Abs. 2 der Strafprozessordnung.

(2) In den Fällen des Absatzes 1 Satz 1 können auch das Bundesamt und seine Beauftragten die Verwarnung nach § 56 des Gesetzes über

Ordnungswidrigkeiten erteilen. § 57 Abs. 1 des Gesetzes über Ordnungswidrigkeiten gilt entsprechend.

Nichtamtliches Inhaltsverzeichnis

§ 21 Zuständigkeiten für die Ahndung von Zuwiderhandlungen

(1) Wird eine Zuwiderhandlung in einem Unternehmen begangen, das seinen Sitz im Inland hat, ist Verwaltungsbehörde im Sinne des § 36 Abs. 1 Nr. 1 des Gesetzes über Ordnungswidrigkeiten die von der Landesregierung bestimmte Behörde. Die Landesregierung kann die Ermächtigung auf die zuständige oberste Landesbehörde übertragen.

(2) Wird eine Zuwiderhandlung in einem Unternehmen begangen, das seinen Sitz im Ausland hat, ist Verwaltungsbehörde im Sinne des § 36 Abs. 1 Nr. 1 des Gesetzes über Ordnungswidrigkeiten das Bundesamt.

(3) Abweichend von Absatz 1 ist das Bundesamt Verwaltungsbehörde im Sinne des § 36 Absatz 1 Nummer 1 des Gesetzes über Ordnungswidrigkeiten für Zuwiderhandlungen nach § 19 Absatz 1 Nummer 5 Buchstabe b, Nummer 6c, 6d, 6e, Absatz 1a, 2 Nummer 2, 3 und Absatz 4 Nummer 1, die in einem Unternehmen, das seinen Sitz im Inland hat, begangen wurden.

(4) § 405 des Dritten Buches Sozialgesetzbuch bleibt unberührt.

Nichtamtliches Inhaltsverzeichnis

§ 21a Aufsicht

(1) Der Unternehmer des gewerblichen Güterkraftverkehrs und alle am Beförderungsvertrag Beteiligten unterliegen wegen der Erfüllung der gesetzlichen Vorschriften der Aufsicht der nach Landesrecht zuständigen Behörde.

(2) Soweit dies zur Durchführung der Aufgaben nach Absatz 1 erforderlich ist, können die Beauftragten der Aufsichtsbehörden gegenüber Eigentümern und Besitzern von Fahrzeugen zur Güterbeförderung und allen an der Beförderung oder an den Handelsgeschäften über die beförderten Güter Beteiligten folgende Maßnahmen ergreifen:

1.

Grundstücke und Geschäftsräume innerhalb der üblichen Betriebs- und Geschäftszeiten betreten sowie

2.

die erforderlichen Schriftstücke und Datenträger, insbesondere Aufzeichnungen, Frachtbriefe und Unterlagen über den Fahrzeugeinsatz einsehen und hieraus Abschriften, Auszüge, Ausdrucke und Kopien anfertigen oder elektronisch gespeicherte Daten auf eigene Datenträger übertragen.

Die in Satz 1 genannten Personen haben diese Maßnahmen zu gestatten.

(3) Die in Absatz 2 genannten Personen haben den Beauftragten der Aufsichtsbehörden auf Verlangen alle für die Durchführung der Aufsicht erforderlichen Auskünfte zu erteilen, Nachweise zu erbringen, Hilfsmittel zu stellen und Hilfsdienste zu leisten. § 12 Abs. 1 Satz 3 und 4 gilt entsprechend.

6. Abschnitt
Gebühren und Auslagen, Ermächtigungen

Nichtamtliches Inhaltsverzeichnis

§ 22 Gebühren und Auslagen

(1) Für Amtshandlungen nach diesem Gesetz, nach den auf diesem Gesetz

beruhenden Rechtsvorschriften, nach Rechtsakten der Europäischen Gemeinschaften sowie auf Grund internationaler Abkommen und diese ergänzender nationaler Rechtsvorschriften sind Gebühren und Auslagen nach den Bestimmungen des Verwaltungskostengesetzes in der bis zum 14. August 2013 geltenden Fassung und der Rechtsverordnung nach Absatz 2 zu erheben.

(2) Das Bundesministerium für Verkehr, Bau und Stadtentwicklung wird ermächtigt, im Einvernehmen mit dem Bundesministerium der Finanzen und dem Bundesministerium für Wirtschaft und Technologie durch Rechtsverordnung mit Zustimmung des Bundesrates die gebührenpflichtigen Tatbestände und die Gebühren nach festen Sätzen oder als Rahmengebühren näher zu bestimmen. Im Bereich der Gebühren der Landesbehörden übt das Bundesministerium für Verkehr, Bau und Stadtentwicklung die Ermächtigung nach Satz 1 auf der Grundlage eines Antrags oder einer Stellungnahme von mindestens fünf Ländern beim Bundesministerium für Verkehr, Bau und Stadtentwicklung aus. Der Antrag oder die Stellungnahme sind mit einer Schätzung des Personal- und Sachaufwands zu begründen. Das Bundesministerium für Verkehr, Bau und Stadtentwicklung kann die übrigen Länder ebenfalls zur Beibringung einer Schätzung des Personal- und Sachaufwands auffordern.

(3) Auskünfte nach § 19 des Bundesdatenschutzgesetzes werden unentgeltlich erteilt.

Nichtamtliches Inhaltsverzeichnis

§ 23 Ermächtigungen zum Erlaß von Durchführungsbestimmungen

(1) Die Bundesregierung erläßt mit Zustimmung des Bundesrates die allgemeinen Verwaltungsvorschriften, die zur Durchführung von Rechtsakten

der Europäischen Union, dieses Gesetzes und der auf diesem Gesetz beruhenden Rechtsverordnungen erforderlich sind.

(2) Das Bundesministerium für Verkehr, Bau und Stadtentwicklung wird ermächtigt, mit Zustimmung des Bundesrates durch Rechtsverordnung andere als in § 2 Abs. 1 genannte Beförderungsfälle ganz oder teilweise von den Bestimmungen dieses Gesetzes auszunehmen, soweit sich deren Unterstellung unter dieses Gesetz als unverhältnismäßig erweist.

(3) Das Bundesministerium Verkehr, Bau und Stadtentwicklung wird ermächtigt, im Bereich des grenzüberschreitenden Güterkraftverkehrs, des Durchgangsverkehrs und des Kabotageverkehrs (innerstaatlicher Güterkraftverkehr durch Unternehmer, die in einem anderen Staat niedergelassen sind) einschließlich des Werkverkehrs zur Ordnung dieser Verkehre und zur Durchführung internationaler Abkommen sowie von Rechtsakten der Europäischen Union, die den Güterkraftverkehr betreffen, Rechtsverordnungen zu erlassen, durch die

1.

der Zugang zum Beruf des Güterkraftverkehrsunternehmers und zum Markt des Güterkraftverkehrs, insbesondere die Voraussetzungen für die Erteilung, die Rücknahme und den Widerruf von Genehmigungen, den Erlaß von Nebenbestimmungen, das zugehörige Verfahren einschließlich der Durchführung von Anhörungen und der Behandlung wesentlicher Änderungen nach Erteilung der Genehmigungen sowie die Bedingungen für den Fahrzeugeinsatz geregelt werden,

1a.

die Voraussetzungen für die Erteilung, die Rücknahme und den Widerruf von Fahrerbescheinigungen, den Erlass von Nebenbestimmungen, das zugehörige Verfahren einschließlich der

Durchführung von Anhörungen und der Behandlung wesentlicher
Änderungen nach Erteilung der Fahrerbescheinigungen, die
Bedingungen für den Einsatz des Fahrpersonals sowie die
Überwachung der Erteilungsvoraussetzungen geregelt werden,

2.

für Unternehmer, deren Unternehmen ihren Sitz in einem Staat haben,
der weder Mitglied der Europäischen Union noch anderer Vertragsstaat
des Abkommens über den Europäischen Wirtschaftsraum ist, der
Zugang zum Markt des Güterkraftverkehrs und die Bedingungen bei
der Durchführung des Güterkraftverkehrs abweichend von den
Bestimmungen dieses Gesetzes geregelt sowie der vorübergehende
oder dauernde Ausschluß vom Güterkraftverkehr vorgesehen wird,
wenn wiederholt oder schwerwiegend gegen im Inland geltende
Vorschriften verstoßen wird,

3.

Bestimmungen zur Gewährleistung zwischenstaatlicher Gegenseitigkeit
oder gleicher Wettbewerbsbedingungen, insbesondere über die
Erteilung von Genehmigungen, die Voraussetzungen für die Erteilung
und die Aufhebung einer Genehmigung, die Überwachung sowie das
Verfahren, eingeführt und

4.

die Pflicht zur Vorlage von Unterlagen zur Beobachtung des
Marktgeschehens geregelt werden.

Rechtsverordnungen nach den Nummern 1 bis 3 bedürfen der Zustimmung
des Bundesrates.

(4) Das Bundesministerium für Verkehr, Bau und Stadtentwicklung kann
abweichend von den auf Grund des Absatzes 3 erlassenen
Rechtsverordnungen im Rahmen internationaler Regierungs- und

Verwaltungsabkommen Beförderungsfälle ganz oder teilweise von der Genehmigungspflicht für den grenzüberschreitenden gewerblichen Güterkraftverkehr mit Staaten außerhalb der Europäischen Union und des Europäischen Wirtschaftsraums freistellen, soweit diese sich als unverhältnismäßig erweist. Ebenso kann das Bundesministerium für Verkehr, Bau und Stadtentwicklung mit einem Nachbarstaat Vereinbarungen treffen, durch die Verkehre durch das Inland mit Be- und Entladeort in dem Nachbarstaat von der Erlaubnispflicht nach § 3 Abs. 1 ausgenommen werden.

(5) Das Bundesministerium für Verkehr, Bau und Stadtentwicklung wird ermächtigt, durch Rechtsverordnung mit Zustimmung des Bundesrates auf dem Gebiet des grenzüberschreitenden kombinierten Verkehrs zur Ordnung dieses Verkehrs und zur Durchführung internationaler Abkommen sowie von Verordnungen, Entscheidungen und Richtlinien des Rates der Europäischen Union und der Kommission der Europäischen Gemeinschaften Vorschriften zu erlassen, durch die

1.

das Vorliegen von grenzüberschreitendem kombiniertem Verkehr einschließlich der Bestimmung des nächstgelegenen geeigneten Bahnhofs sowie die Pflicht zur Mitführung und Aushändigung von Papieren geregelt werden, die dem Nachweis der Erfüllung der Berufszugangsvoraussetzungen und der Durchführung von kombiniertem Verkehr dienen,

1a.

Besonderheiten, insbesondere genehmigungsrechtliche Erleichterungen, vorgesehen werden sowie

2.

53

Bestimmungen zur Gewährleistung zwischenstaatlicher Gegenseitigkeit oder gleicher Wettbewerbsbedingungen eingeführt werden.

Nichtamtliches Inhaltsverzeichnis

§§ 24 u. 25 (weggefallen)

www.ingramcontent.com/pod-product-compliance
Lightning Source LLC
Chambersburg PA
CBHW071002180526
45168CB00003B/1254